LE CONTRAT D'ENZEL

Modalité du régime foncier tunisien

PAR

Henri LENOBLE

Docteur en droit, avocat à la Cour d'appel.

PRIX : 1 FRANC

LIBRAIRIE JUDICIAIRE

60, QUAI DES ORFÈVRES, PARIS (Ier)

1913

LE CONTRAT D'ENZEL

Modalité du régime foncier tunisien.

par HENRI LENOBLE

docteur en droit, avocat à la Cour d'appel

CHAPITRE PREMIER

LÉGISLATION TUNISIENNE. — DOUBLE RÉGIME FONCIER. — GÉNÉRALITÉS. — DISTINCTION DES BIENS.

La législation foncière tunisienne est contenue dans le décret du 1er juillet 1885, divisé en 14 titres, et comprenant 381 articles.

La propriété foncière est, depuis cette loi, répartie en deux catégories :

§ 1er. — *Propriété non immatriculée.*

La première est la propriété non immatriculée laissée sous l'empire du droit musulman ; par suite, ces biens sont régis par la loi du pays, c'est-à-dire, pour ce qui est des immeubles ruraux ou situés dans les territoires indigènes, par les règles du Coran combinées avec la législation beylicale, et, pour les immeubles situés dans les centres des populations européennes, par les mêmes règles législatives mais en tenant compte, toutefois, des modifications apportées à la législation originaire sous l'influence des mœurs européennes et d'une nouvelle appropriation des villes. (Trib., Sousse, 1er octobre 1889, Clunet, 1890. 665.)

La propriété non immatriculée se divise en biens *melks*, propriété privée, biens *beylick*, propriété d'Etat et biens *habous*, propriété inaliénable. Elle affecte d'autre part différentes modalités spéciales du régime foncier tunisien, telles que l'enzel, dont nous allons parler ci-après.

§ 2. — *Propriété immatriculée.*

La deuxième catégorie de biens fonciers est celle de la propriété immatriculée, laquelle est soumise à la loi française.

L'établissement du régime de l'immatriculation a un double objet : remédier à l'incertitude de l'assiette de la propriété immobilière en Tunisie et au défaut de publicité des transmissions réelles (Zeys, *Code annoté de la Tunisie*, v° *Propriété foncière*, p. 897. — Carpentier et Frèrejouan du Saint, *Répert. général du droit franç.*, v° *Tunisie*, n° 330 et suiv.)

Un titre est créé pour chaque immeuble, lequel contient une description exacte de la contenance et un plan détaillé du terrain, l'indication du propriétaire actuel, l'énonciation de tous les droits qui lui sont acquis et de toutes les charges dont il est grevé. Sur ce titre sont portées toutes les modifications qui peuvent survenir; il fait foi par sa teneur; aucun droit ne peut exister s'il n'y a été inscrit ; aucun droit ne peut être contesté s'il y est consigné.

L'établissement de ces titres fait l'objet d'une procédure spéciale, en vue de leur donner la publicité et de permettre aux tiers de faire valoir leurs droits ; après quoi le titre est immatriculé sur un livre foncier tenu par le conservateur de la propriété foncière. L'immatriculation ainsi comprise a pour effet de mettre l'acquéreur à l'abri de toute surprise et de tous mécomptes, en même temps qu'elle place le bien immatriculé sous la juridiction des tribunaux français.

La formalité de l'immatriculation est facultative, mais elle est ouverte à tous les intéressés, sans distinction d'origine, de religion, ni de nationalité. (Bompard, *Législation tunisienne*, v° *Immeubles*, p. 208 ; Carpentier et Frèrejouan du Saint, *op.* et *loc. cit.*)

Pour être légalement intéressé et admis à requérir l'immatriculation, il faut, aux termes de l'article 22 de la loi foncière, avoir l'une des qualités suivantes : 1° propriétaire ; 2° enzéliste ; 3° détenteur de l'un des droits réels d'usufruit, usage, habitation, emphytéose, superficie ou antichrèse; 4° créancier hypothécaire non payé à l'échéance ; 5° détenteur autorisé de l'un des droits réels de servitudes foncières ou d'hypothèques.

Ces principes généraux du double régime foncier tunisien sommairement indiqués, nous allons préciser les règles relatives à un contrat d'une nature spéciale connu sous le nom d'Enzel, qui constitue, aux termes de l'article 13 de la loi foncière du 1er juillet 1885, un droit réel immobilier, réglementé par les articles 83 et 89, 93 et 97 relatifs à l'usufruit de l'Enzel ou de la rente d'Enzel.

CHAPITRE II

CONTRAT D'ENZEL

§ 1er. — *Définition, caractère.*

L'Enzel est, d'après l'article 83 de cette loi, une propriété foncière grevée d'une rente perpétuelle. Le contrat consiste dans l'aliénation du domaine utile d'un immeuble, le propriétaire n'en conservant que le domaine éminent. Par suite, le contrat n'étant qu'un démembrement du droit de propriété, le preneur à Enzel ne saurait avoir la libre disposition de l'immeuble. — (Alger, 23 mars 1896, *Rev. Alger*, 1896. 2. 296. — Trib. civ. Tunis, 18 mars 1903, *Journ. Trib. Tunis.*, 1903. 260. — Alger, 16 octobre 1905, *Journ. Trib. Alger*, 11 avril 1906.

Celui qui donne un bien à enzel n'en aliène en effet que le domaine utile ; il en conserve le domaine éminent ; l'immeuble grevé de la rente reste, pour en assurer le paiement, le gage du crédi-rentier.

De ce que cet ensemble de droits est de nature immobilière, il a été déduit par la jurisprudence qu'il ne peut être exproprié que par voie de saisie-immobilière. — (Trib. Tunis, 5 août 1893, *Journ. Trib. Tunis.*, 1893, 365. — Trib. Tunis, 5 juillet 1911, *Journ. Trib. Tunis.*, 1912, 222.)

Le contrat d'Enzel constitue une convention particulière ayant ses règles propres, tenant à la fois de la vente et du louage, sans rentrer exclusivement dans aucun de ces deux contrats. — (Trib. Tunis, 27 mai 1895, *Journ. Trib. Tunis.*, 1895, 462.)

Il a été décidé également, par application de ce principe, que l'Enzel étant une propriété foncière grevée d'une rente perpétuelle, en conséquence, la vente d'un immeuble de cette nature ne saurait être assimilée à une cession de bail et que l'article 1622 du Code civil, relatif aux actions en réduction de prix, lui est applicable (Trib. civ. Tunis, 18 mars 1903, *Journ. Trib. Tunis.*, 1903. 260).

§ 2. — *Formation du contrat.*

La remise du titre au débiteur de la rente est une

condition essentielle de la réalisation du contrat d'Enzel (Trib. Tunis, 30 juin 1886, *Journ. Trib. Tunis.*, 1893. 126. — Trib. Tunis, 24 juin 1890, *Journ. Trib. Tunis.*, 1893. 87).

Il en résulte que les conventions d'Enzel doivent être constatées par écrit (Trib. Tunis, 16 février 1890, *Journ. Trib. Tunis.*, 1891. 79.) Il en est ainsi surtout lorsqu'il s'agit de contrats passés entre européens et indigènes (même décision).

Le montant des arrérages doit être inscrit avec le droit lui-même (art. 84, loi foncière).

La forme juridique donnée au contrat n'a toutefois qu'une importance secondaire ; il a été jugé en ce sens que l'on doit considérer comme une vente à Enzel, la location d'un immeuble consentie à des conditions telles que le terme du bail n'adviendrait que dans un nombre d'années impossible à calculer, et qu'il résulte des faits et actes des parties que le contrat primitif s'est tacitement transformé en Enzel (Trib. mixte 15 mai 1897, *Journ. Trib. Tunis.*, 1897. 485).

§ 3. — *Obligations des débiteurs. — Paiement de la rente.*

Il peut y avoir, d'après le contrat, plusieurs débiteurs de la rente. Mais, à moins de stipulation expresse, aucune solidarité n'existe entre les codébiteurs de l'Enzel pour le paiement de la rente (Trib. Tunis 27 juillet 1887, *Journ. Trib. Tunis.*, 1889. 65. — Trib. Tunis, 30 mai 1892, *Journ. Trib. Tunis.*, 1894. 525. — Trib. Tunis, 19 juin 1893, *Journ. Trib. Tunis.*, 1897. 228. — Trib. Tunis, 7 juin 1894, *Journ. Trib. Tunis.*, 1894. 416. — Trib. Tunis, 17 décembre 1894, *Journ. Trib. Tunis.*, 1895. 88. — Trib. Tunis, 30 janvier 1895, *Journ. Trib. Tunis.*, 1895. 197).

Cependant, au cas où l'Enzel est dû par plusieurs débiteurs sans cantonnement, le défaut de paiement de sa part par l'un d'eux autorise le crédi-enzéliste à demander la résiliation pour le tout, ou à exproprier pour le tout l'immeuble qui est son gage (Trib. Tunis, 16 avril 1890, *Journ. Trib. Tunis.*, 1890. 117. — Trib. Tunis, 17 mars 1893, *Journ. Trib. Tunis.*, 1893. 135. — Trib. Tunis, 30 janvier 1895, précité).

Le crédi-enzéliste ne peut être obligé à subir malgré lui le fractionnement de sa rente, au cas où le débi-enzéliste a fractionné sans son consentement et vendu à diverses personnnes tout ou partie de l'immeuble grevé. — (Trib. Tunis, 25 octobre 1905, *Journ. Trib. Tunis.*, 1906, 30).

La rente d'enzel grève, en effet, la totalité de l'immeuble indivis qui en est le gage et la dette est indivisible entre les débiteurs au regard du crédi-enzéliste quand ce dernier ignore l'existence, entre les débiteurs-enzélistes, d'une procédure de licitation ou la vente de portions indivises faites par ces débiteurs à un tiers. Il est de principe que le crédi-enzéliste n'est pas obligé toujours, et en tous cas, de subir le fractionnement de la rente d'enzel qui lui est due. — (Trib. Tunis, 23 février 1910, *Journ. Trib. Tunis.*, 1911., 239).

Aux termes de l'article 1222 du Code civil chacun de ceux qui ont contracté conjointement une dette indivisible, en est tenu au total, encore que l'obligation n'ait pas été contractée solidairement : l'article 1223 ajoute qu'il en de même à l'égard des héritiers de celui qui a contracté une pareille obligation. En matière de rentes d'enzel relatives à un immeuble immatriculé, il s'ensuit que le créancier peut s'adresser, pour le paiement de la totalité de la dette, à celui des héritiers qu'il lui paraît convenable de choisir, sauf s'il y a lieu, le recours de ces derniers contre ses co-héritiers. — (Trib. Tunis, 23 février 1910, *Journ. Trib. Tunis.*,1911.,239).

Les arrérages de rentes d'enzel peuvent être stipulés payables à telles époques qu'il convient aux parties contractantes : à l'année ou au mois (Trib. Tunis, 27 juin 1900, *Journ. Trib. Tunis.*, 1900. 502).

Les arrérages se prescrivent par cinq ans, tant en vertu de l'article 85 de la loi foncière tunisienne du 1er juillet 1885 que de l'art. 2277 du Code civil, qui décide que les arrérages de rentes perpétuelles et viagères se prescrivent par cinq ans,lequel est d'ordre public, et par suite applicable aux arrérages de la rente d'enzel qui grève un immeuble immatriculé ou non immatriculé. —(Trib. Tunis, 22 octobre 1889, *Journ. Trib. Tunis.*, 1890.,110. — Trib. Tunis, 29 décembre 1891, *Journ. Trib. Tunis.*,1893. 346. — Trib. Tunis, 28 décembre 1896, *Journ. Trib. Tunis.*, 1897, 781. — Trib. Sousse, 7 décembre 1899, *Journ. Trib. Tunis.*,1900, 380. — Trib. Tunis, 11 janvier 1906, *Journ. Trib. Tunis,*, 1906, 398).

Le défaut de paiement de la rente par le débi-rentier peut entraîner la résiliation. Est valable la clause qui stipule qu'un contrat d'enzel sera résilié en cas de non paiement de la rente convenue. — (Alger, 20 juin 1908, *J. Trib. alg.*, 15 avril 1908).

En cas de non paiement, le crédi-rentier peut toujours poursuivre la vente de l'immeuble tenu à enzel, par application de la loi foncière tunisienne,pour avoir paiement des arrérages échus. Il est armé, en effet d'une double action : une action personnelle en paiement de la rente et une action réelle en expropriation de l'immeuble,il peut même les exercer toutes deux en même temps. — (Alger, 30 décembre 1895, *Journ.*

Trib. Tunis., 1897. 25. — Trib. Tunis, 30 janvier 1895, *Journ. Trib. Tunis.*,1895. 197). Il a également un privilège qui lui permet de suivre l'immeuble en quelques mains qu'il passe (article 87).

Mais le crédi-rentier de l'enzel, qui n'est pas payé des arrérages, doit d'abord obtenir un titre exécutoire en vertu duquel il fera saisir et vendre l'immeuble grevé ; il n'a de recours sur les autres biens du débiteur qu'en cas d'insuffisance du prix de vente de l'immeuble grevé, et pour les deux dernières annuités seulement. — (Trib.Tunis. 13 mars 1893, *Journ. Trib. Tunis.*, 1893 .131. — Trib. Tunis, 24 janvier 1898, *Journ. Trib. Tunis.*, 1898, 352.)

La procédure à suivre en cette matière est réglée par le décret-loi du 1er juillet 1885.

Aux termes des articles 88 et 89 de la loi foncière,en cas de non-paiement de la rente par le débi-rentier, le crédi-rentier peut poursuivre la vente de l'immeuble tenu à enzel pour avoir paiement des arrérages échus (art. 88) ; en cas d'insuffisance du prix de vente, l'enzéliste ne sera tenu personnellement que des arrérages des deux dernières années qui pourront être dues (art. 89).

Il s'ensuit que l'enzéliste ne peut opposer l'article 89 à une demande en paiement des annuités arriérées ; ce droit ne lui est réservé qu'au moment de l'exécution.

L'article 89 ne s'applique qu'aux ventes forcées poursuivies par le crédi-rentier de l'enzel,et non aux ventes sur licitation.

L'enzéliste a le choix,ou bien de refuser le paiement et de laisser le crédi-enzéliste poursuivre, conformément à l'article 88, l'expropriation de l'immeuble, et, dans ce cas, il perd l'immeuble mais bénéficie de la limitation apportée au droit d'exécution du créancier par l'article 89 ; ou bien de payer les annuités dues, sans bénéficier de cette limitation, et, dans ce cas, il conserve l'immeuble.

L'enzéliste ne serait, par suite, pas fondé à soutenir, pour répéter, après adjudication, les annuités payées par lui en plus de celles des deux premières années, qu'il les a payées contraint et forcé et indûment, en vertu d'un jugement antérieur qui ordonnait l'exécution provisoire. — (Trib. Tunis, 15 mars 1911, *Journ. Trib. Tunis.*, 1911. 547.)

L'article 89 de la loi foncière doit être interprété en ce sens que le recours du créancier sur les biens personnels du débi-enzéliste pour les arrérages des deux dernières années ne peut s'exercer qu'après que la vente de l'immeuble grevé aura établi l'insuffisance des deniers.

Toutefois, le jugement portant condamnation au paiement d'arrérages d'enzel crée, au profit du créancier, un droit encore indéterminé mais certain en principe sur les biens personnels du débiteur pour le paiement de ces deux annuités ; il est ainsi alors surtout que le jugement de condamnation ordonne l'exécution provisoire.

Dès lors, si les menées moratoires du débiteur lui font légitimement craindre que le prix de l'immeuble grevé ne devienne insuffisant pour payer les arrérages accumulés, le créancier pourra pratiquer une saisie-arrêt sur les sommes appartenant au débiteur ; mais cette saisie ne pourra être faite qu'à titre conservatoire et il devra être sursis à sa validation jusqu'à la réalisation de la vente de l'immeuble. Son montant ne pourra dépasser le prix des deux annuités. — (Trib. Tunis, 11 janvier 1912, *Journ. Trib. Tunis*, 1912. 273.)

§ 4. — *Droit de cession.*

L'enzéliste peut céder son droit de jouissance à un tiers ; mais, si depuis le décret du 7 juin 1880, le preneur à enzel peut céder son droit sans autorisation du propriétaire, ce texte édicte que la cession doit être notifiée à celui-ci. Par suite, le propriétaire a le droit de demander la nullité de la cession, si elle lui préjudicie, notamment si elle a été consentie au profit d'un insolvable. — (Alger, 16 octobre 1905, *Journ. Trib. alger*, 11 avril 1906.)

Si donc, en principe, le consentement du crédi-enzéliste n'est pas nécessaire pour la validité de la cession de ses droits sur l'immeuble grevé, que fait le débi-enzéliste, il n'en est pas moins vrai que le crédi-enzéliste peut se refuser à subir la substitution d'un débiteur de la rente à un autre, s'il a de justes motifs de le faire, s'il démontre que le nouveau débi-enzéliste est insolvable. — Trib. Tunis,22 mars 1905, *Journ. Trib. Tunis.*,1905. 230.)

La cession d'un enzel ne saurait, en effet, être opposable au créancier enzéliste qui n'a pas été partie au contrat de cession. En conséquence, il ne saurait être tenu d'accepter aux lieu et place des débi-enzélistes cédants, un cessionnaire ne justifiant pas d'une solvabilité suffisante. — (Trib. Tunis, 12 février 1902, *Journ. Trib. Tunis.*,1902. 174. — Trib. Tunis,13 avril 1904, *Journ. Trib. Tunis.*, 1905. 98.)

La cession ne peut être annulée que s'il est prouvé que le concessionnaire est insolvable et ne présente pas des garanties suffisantes pour le paiement régulier de la rente.La charge de cette preuve incombe au bénéficiaire de la rente enzel, qui peut être admis à la faire au moyen d'une enquête, si les faits allégués par lui sont pertinents et concluants. (Trib. civ. Tunis, 17 décembre 1902, *J. Trib. Tunis.*, 1903. 26). Ces règles sont applicables à la promesse de vente d'un immeuble grevé d'enzel. (Trib. civ. Tunis (1re ch.), 15 mars 1905. *J. Trib. Tunis.*, 1905. 296).

Il a été jugé, toutefois que, en cas de refus injustifié du crédi-rentier, d'accepter la substitution du débiteur pour les enzels à venir, la justice peut le contraindre à consentir à la subtitution, alors surtout qu'il s'agit d'un immeuble immatriculé. (Trib. Tunis, 13 mars 1893, *J. Trib. Tunis.*, 1893. 128).

§ 5. — *Immatriculation.*

Aux termes de l'article 22 de la loi foncière tunisienne du 1er mars 1885, l'enzéliste a le droit de requérir, sans le consentement du crédi-rentier, l'immatriculation de l'immeuble qu'il détient à enzel.

Cette immatriculation a pour résultat de placer sous le régime de la nouvelle loi, le droit de l'enzéliste aussi bien que l'immeuble qui en est grevé.

L'application de ce nouveau régime peut, sans doute, entraîner des modifications dans l'exercice des droits du crédi-rentier, notamment au point de vue du paiement des arrérages échus.

Mais le crédi-rentier ne peut pas se plaindre de ce changement, lorsqu'il ne prouve pas que l'immatriculation est frauduleuse ou qu'elle n'a été demandée par l'enzéliste, que dans l'espoir d'annuler des engagements antérieurs formellement contractés.

Le crédi-rentier ne saurait d'ailleurs se soustraire à l'application de ladite loi du 1er juillet 1885, quand il a stipulé lui-même dans l'acte constitutif d'enzel, que l'enzéliste ou quiconque serait substitué à ses droits, devrait requérir, dans un certain délai, l'immatriculation de l'immmeuble cédé à enzel.

Les dispositions contenues dans les articles 88 et 89 de la loi précitée du 1er juillet 1885, pour le cas où le crédi-rentier, non-payé des arrérages échus, désire exercer des poursuites sur le patrimoine de l'enzéliste, ont un caractère obligatoire, et ne sont nullement facultatives pour le crédi-rentier. (Alger, 15 nov. 1899, *J. Trib. Alg.*, 6 déc. 1899 ; *La Loi* 16 déc. 1899).

Le débi-enzéliste d'un immeuble immatriculé peut-il céder une partie dudit immeuble à un tiers, sans l'assentiment du crédi-enzéliste ?

Il a été jugé à cet égard que le crédi-enzéliste, qui n'a pas consenti au fractionnement de l'immeuble et à sa cession partielle à un tiers, est fondé à demander que la totalité de la rente qui lui est due soit inscrite sur le titre de propriété délivré à l'acquéreur partiel, qui en a obtenu l'immatriculation. En effet, le morcellement ou cantonnement de la rente, ne peut avoir lieu sans le consentement du bénéficiaire ; et, s'il ne l'a pas donné, il a le droit de conserver son privilège, pour le paiement de la rente, sur la totalité de l'immeuble donné à enzel. (Trib. Tunis, 16 avril 1890, *J. Trib. Tunis.*, 1890. 117. — Trib. Tunis, 15 février 1892, *J. Trib. Tunis.*, 1893. 362. — Trib. mixte, 13 juin 1893, *J. Trib. Tunis.*, 1894. 78).

Mais il a été jugé également que la cession partielle de l'immeuble grevé d'enzel ne fait pas obstacle à l'application des articles 88 et 89 de la loi foncière, qui limite l'obligation personnelle du débi-enzéliste, alors surtout que dans l'espèce dont il s'agit, la cession n'a diminué l'immeuble que d'une quantité insignifiante, et qu'elle a procuré au reste une notable plus-value, en lui assurant un accès facile sur une voie de communication. — (Trib. Tunis, 2 décembre 1903, *Journ. Trib. Tunis.*, 1904. 108).

Il faut noter, d'autre part, que la propriété immatriculée ne supporte d'autres droits réels ou d'autres modalités de droits réels que ceux qui sont inscrits sur le livre foncier, ou qui ont été créés depuis par les ayants-droit à la propriété.

Il suit de là que si plusieurs immeubles sont également grevés de la même rente au profit d'un crédi-enzéliste qui n'a pas concouru au morcellement, l'un des coenzélistes ne peut, sans le consentement de l'autre, payer la part d'enzel afférente à l'immeuble de ce dernier afin d'acquitter la totalité de la rente entre les mains du crédi-rentier. — (Trib. Tunis, 20 janvier 1909, *Journ. Trib. Tunis.*, 1909. 302).

L'inscription sur le titre foncier du droit à la rente d'enzel conserve par elle-même toutes les créances que le crédi-enzéliste peut avoir de ce chef ; il n'y a donc lieu à aucune inscription du chef des enzels arriérés.

La personne qui a payé une partie des enzels arriérés et a été subrogée à due concurrence aux droits du crédi-enzéliste, ne peut demander de ce chef l'inscription d'une hypothèque distincte, mais seulement l'inscription d'une subrogation au privilège.

Lorsque le débi-enzéliste a été condamné à payer une certaine somme représentant des arriérés d'enzel et les intérêts légaux de cette somme, l'obligation de payer les intérêts légaux n'est pas garantie par le privilège ; elle n'est pas garantie non plus par une hypothèque distincte, car cette hypothèque ne pourrait être que judiciaire, et l'hypothèque judiciaire n'existe pas en Tunisie. — (Trib. mixte Tunisie, 28 janvier et 30 décembre 1907, *Journ. Trib. Tunis.*, 1908. 145).

§ 6. — *Impôts directs affectant le contrat d'enzel.*

Le contrat d'enzel était primitivement soumis à la

taxe locative appelée « Caroube » ou taxe foncière sur le revenu de toutes les propriétés immobilières autres que les exploitations rurales, établies par le décret beylical du 7 juin 1882, aujourd'hui abrogé.

Aux termes des articles 1 et 2 du décret beylical du 7 juin 1882, les enzels ou rentes perpétuelles qui grèvent les immeubles urbains situés à Tunis supportent l'impôt de 6,25 0/0 désigné sous le nom de « caroube ». Cette taxe est à la charge du crédi-rentier; mais le débi-rentier qui a élevé des constructions sur le terrain, est tenu d'en faire l'avance, sauf à le retenir au moment du paiement des arrérages de l'enzel.

Mais ce décret a été expressément abrogé (en ce qui concerne la commune de Tunis) par l'article 35 du décret beylical du 16 septembre 1902, qui a établi dans cette matière des règles nouvelles ; il a supprimé l'impôt de la caroube et l'a remplacé par une taxe locative. L'article 5 de ce même décret dispose que « la taxe est à la charge des propriétaires ou usufruitiers, et, à défaut de propriétaires connus, à celle des possesseurs ou occupants des immeubles imposés. Si l'immeuble imposé comprend des constructions édifiées par un locataire et pour son compte, la taxe sera divisée : le propriétaire sera tenu de la part assise sur son fonds et le locataire de celle assise sur la valeur imposable de ses constructions.

Ce décret ne contenant aucune mention relative à l'enzel, il en résulte que cette rente n'est pas soumise à la taxe locative qu'il a substituée à l'impôt de la caroube. Par suite, un débi-enzéliste qui a construit sur le terrain qu'il tient à enzel n'est pas fondé à faire supporter une partie de la nouvelle taxe locative au crédi-enzéliste.

Cette solution ne viole pas la règle d'après laquelle

les lois n'ont pas d'effet rétroactif ; si, en l'absence de toute stipulation dans la constitution d'enzel, relativement au paiement de la caroube, les parties restent soumises aux lois locales, elles sont tenues aussi de subir les modifications qui peuvent être introduites dans cette matière par le législateur. Il y aurait violation du principe de la non rétroactivité, si on appliquait la législation nouvelle à des taxes antérieurement échues, mais cela ne se produit pas, au contraire, lorsqu'il s'agit, comme dans l'espèce, de taxes annuelles échues postérieurement au changement dans la législation. — (Trib. civ., Tunis, 22 juin 1904, *J. Trib. Tunis*, 1905, 254).

La loi en vigueur au moment de la formation du contrat d'enzel doit servir de règle, à défaut de conventions expresses des parties et dans le silence du contrat, pour déterminer si la taxe de caroube doit être supportée, pour les immeubles soumis à l'enzel, par les crédi-rentiers ou les débi-rentiers.

Ainsi, les débi-enzélistes dont les droits ont pris naissance antérieurement au décret du 7 juin 1882, et, en tous cas, antérieurement au décret du 16 septembre 1902, sont en droit de répéter contre le crédi-enzéliste les taxes qu'ils auraient payées au moins pour les années antérieures au 1er janvier 1903.

De plus, le décret du 16 septembre 1902, qui a remplacé les impôts appelés « caroube locative » et « caroube sur les loyers », etc... par une taxe unique assise sur la valeur locative des immeubles (art. 1er), n'a pas entendu innover en dégrevant le crédi-enzéliste pour reporter l'impôt sur le débi-enzéliste. — (Trib. civ. Sousse, 17 février 1910, *Journ. Trib. Tunis*.,1911.483).

Paris. — Imp. R. Tancrède, 15, rue de Verneuil.

LE DROIT FINANCIER

JURISPRUDENCE

des Valeurs mobilières
et des Opérations de Bourse

RECUEIL MENSUEL

Fondé par Edouard Badon-Pascal, publié sous la direction de MM. Jehan Froissart, docteur en droit, avocat à la Cour de Paris et Louis Lebel, docteur en droit, avocat à la Cour de Paris.

Abonnements : **16** francs par an. — Union postale : **18** francs.

Prix du numéro (Année courante) : **1** fr. **50**

Bureaux 60, quai des Orfèvres, Paris. — Tél. 821.13

Adresser les communications et mandats à M. H. Frennelet administrateur, 60, quai des Orfèvres.

Le *Droit financier* s'adresse à tous ceux qui, par profession et par goût, sont appelés à s'occuper des valeurs mobilières ou des opérations de bourse.

Il est de plus en plus le journal judiciaire de la bourse et des banquiers.

STATUTS

DES

Sociétés Anonymes

La Librairie Judiciaire, 60, quai des Orfèvres, se charge de l'impression, en brochures, des statuts des Sociétés anonymes à des prix qui défient toute concurrence.

Envoi d'un spécimen sur demande.

Paris. — Imp. R. Tancrède, 15, rue de Verneuil.

www.ingramcontent.com/pod-product-compliance
Lightning Source LLC
LaVergne TN
LVHW010017230826
846092LV00002B/870

* 9 7 8 2 0 1 9 2 8 6 1 4 9 *